NOUVELLE LÉGISLATION

DES

PENSIONS CIVILES ET MILITAIRES

ÉTUDE DOCUMENTAIRE

DE LA PÉRÉQUATION DES PENSIONS

Au moment où le Parlement va être appelé à discuter le nouveau projet portant modification du régime des pensions, chaque pensionné a le devoir, l'obligation même d'examiner attentivement la teneur des propositions, d'en discuter les arguments, de soumettre son avis et d'apporter ainsi son tribut à l'œuvre de justice et d'équité entreprise dans toute la France par de nombreuses Associations de retraités. Le silence, en la circonstance, serait une faute impardonnable.

Toutes les idées, toutes les suggestions sont permises, même si elles paraissent contraires à certaines doctrines et si elles froissent quelques susceptibilités. Il suffit seulement qu'elles soient la manifestation ou l'expression évidente de la justice et du droit et qu'elles soient conçues avec le souci exclusif de la vérité toute entière.

Les raisons justifiées invoquées par les retraités actuels en faveur du relèvement du taux de leur pension ont été maintes fois publiées.

Il serait fastidieux de les énumérer une fois de plus, alors que les Chambres, par le vote, notamment **des lois des 25 mars 1920 et 12 avril 1922**, ont consacré le principe de la péréquation des pensions.

La grande majorité du Parlement semble donc animée d'un véritable sentiment de justice à notre égard, sentiment qui devra se manifester dans toute son ampleur au moment venu.

Malheureusement une certaine inquiétude règne dans les milieux parlementaires.

Malgré des efforts renouvelés, malgré le vote de plusieurs lois sur les pensions, vote qui a grevé **le budget** national de sommes importantes, l'amélioration du sort des retraités n'a pas été résolue; la question de la péréquation des pensions, malgré les sacrifices consentis, reste entière.

Les dernières lois votées par les Chambres, lois de fortune, d'attente, improvisées pour satisfaire **les reven-dications de chaque corporation**, sont à la fois ruineuses et incomplètes. Elles irritent les uns, sans satisfaire les autres.

De là, un mécontentement général provoqué par des injustices criantes qui sèment la désunion, la discorde et dressent les uns contre les autres, ceux qui pourtant étaient restés unis devant le danger.

Ce malaise général a été augmenté **des tristes effets** d'une profonde déception.

Les retraités, confiants dans les promesses faites, ont été désagréablement surpris de voir que le projet du Gouvernement n° 3070 les écartait du bénéfice des nouvelles pensions.

NOUVELLE LÉGISLATION

DES

PENSIONS CIVILES & MILITAIRES

Etude Documentaire

de la

Péréquation des Pensions

COMMENTAIRES ET CRITIQUE

DU PROJET 4495

ET DE L'AMENDEMENT 26

SUR LE RÉGIME DES PENSIONS

PERPIGNAN

IMPRIMERIE DE L'INDÉPENDANT, 4, RUE DE LA PRÉFECTURE

1922

Cependant, la loi du 25 mars 1920, ne prévoit-elle pas une réorganisation de la législation des pensions ?

Le silence du Gouvernement ne peut être interprété que comme un refus formel de souscrire entièrement à ses obligations envers des serviteurs dévoués.

Toujours animés du même sentiment de respect et de discipline qui a présidé à l'accomplissement de notre tâche, qui a dicté notre conduite pleine d'honneur et de dévouement, nous regrettons aujourd'hui d'être obligés de sortir de la réserve que nous nous étions imposée pour rappeler à l'Etat ses obligations et l'exécution intégrale de son contrat.

L'Etat doit assurer l'avenir de ses fonctionnaires, de ses officiers et de ses militaires non officiers.

DE LA PEREQUATION DES PENSIONS

La péréquation des pensions, c'est la mise à égalité des pensions déjà liquidées avec celles qui le seront d'après les règles et les barêmes de la nouvelle législation; c'est l'unification des pensions correspondantes anciennes et nouvelles.

Cette unification a été obtenue en *principe*, si l'on peut dire, pour un nombre respectable de retraités, par l'application des dispositions de la loi des finances qui accorde une indemnité temporaire de 720 francs aux petits retraités. En effet, pour cette catégorie de pensionnés, le total des différentes perceptions au titre de la pension, donne une somme égale au taux nouveau. On remarquera même que dans certains cas, les nouveaux barêmes ont été dépassés.

Ceci dit, en considérant que beaucoup de petits retraités recevraient satisfaction s'ils obtenaient l'attribution définitive de l'indemnité temporaire, l'on voit que le nouvel effort demandé pour parfaire la péréquation n'est pas aussi considérable qu'on le supposait.

Mais comment se fera la péréquation ?

De toutes les combinaisons envisagées, nous n'en retiendrons que deux :

La péréquation mixte.

La péréquation intégrale.

Péréquation mixte

Cette combinaison consiste :

a) à mettre à égalité les pensions inférieures à 3.000 francs (pension nette).

b) à attribuer aux pensions de 3.000 francs et au-dessus un supplément égal à la différence existant entre la pension nouvelle et la pension actuelle correspondante, majorée et complétée à la date du 1er juillet 1923; à ce supplément viendrait s'ajouter le complément prévu suivant que la mise à la retraite a eu lieu le 1er juillet 1919, 1921 ou 1923.

Ainsi, un pensionné militaire de 3.500 francs (pension principale) (capitaine, 2e échelon, 50 ans de service), admis à la retraite le 1er janvier 1921, recevrait le supplément ci-après :

Pension nouvelle (Projet 3070)............ 7.646 »

Pension au 1er juillet 1923.................. 6.197 50

Différence.............. 1.448 50

Soit un supplément de *1.448 fr. 50.*

Sa pension sera donc :

Pension principale .... 3.500 »

Majoration (Loi du 25 mars 1920).......... 1.700 »

Supplément 1.448 50

Total.................. 6.648 50

1/3 complément 332 50

Pension définitive supplémentée.......... 6.981 »

Le tableau ci-après donne quelques exemples de l'application de cette combinaison (pensions militaires):

PENSION initiale	PENSION nouvelle projet de loi	PENSION au 1er juillet 1923	Différence représentant le supplément	PENSION supplementée	A ajouter s'il y a lieu complément			Observations
					1/3	2/3	3/3	
3.000	6.489	5.250 »	1.239 »	5.814 »	225 »	450 »	675 »	Chef de Ba^{on}
3.500	7.646	6.197 50	1.448 50	6.648 50	332 50	665 50	998 »	
4.000	9.734	7.000 »	2.734 »	8.559 »	394 66	783 33	1.175 »	
6.000	13.699	8.908 80	4.790 20	13.115 »	194 60	389 20	583 80	

Ainsi, le fonctionnaire ou le militaire mis à la retraite le 1ᵉʳ juillet 1923 touchera une pension égale à la pension résultant des nouveaux tarifs.

Cette combinaison est compliquée, elle exigerait beaucoup de calculs et nécessiterait un personnel important pour la mettre sur pied.

Mais, si l'on considère que l'augmentation des pensions d'après ce système varie de 90 à 130 %, suivant la date de la mise à la retraite, on peut simplifier les opérations en prenant un pourcentage moyen fixe de 110 %, par exemple.

Péréquation intégrale

Seule la péréquation intégrale peut donner entière satisfaction aux retraités. Elle doit au moins s'étendre à tous les retraités d'au moins 4.000 francs.

Les opérations à effectuer seront faciles. La solde ayant servi de base à la liquidation de la pension primitive figurant sur le titre de pension, il sera facile de rechercher la pension nouvelle correspondante et de faire la rectification nécessaire.

Pour obtenir la péréquation intégrale, il suffit de compléter les effets de la loi du 25 mars 1920, c'est-à-dire d'attribuer une nouvelle majoration de 50 à 60 % aux pensions des lois de 1831 et 1853, compte tenu de l'indemnité temporaire.

En résumé, la péréquation doit être *équitable*, c'est-à-dire comprendre une augmentation égale pour toutes les retraites d'un même taux des lois 1831 et 1853.

(*)

DE LA SITUATION DES RETRAITES

Le renchérissement de la vie a rendu très précaire la situation du retraité. C'est le seul qui a dû supporter l'augmentation du prix de la vie sans compensation suffisante et qui n'a pu encore s'accommoder de ce bouleversement économique. Il est urgent que l'Etat prenne en considération les justes revendications de ses anciens serviteurs.

Dans une étude du droit syndical des fonctionnaires, publiée tout dernièrement dans les colonnes d'un quotidien du Midi, un membre du Parlement, animé certes, des meilleures intentions, rappelait aux fonctionnaires leurs devoirs et leur énumérait aussi les garanties et les avantages spéciaux dont ils pourraient bénéficier.

Il disait : « Le fonctionnaire a un contrat passé avec « l'Etat qui oblige l'Etat, vis-à-vis de lui jusqu'à la fin de « sa vie puisqu'il jouira d une retraite ; le fonctionnaire « est sûr de l'avenir ».

Ironie amère ! Les retraités actuels ne se laissent plus prendre à ces manifestations, car ils n'entrevoient pas encore l'aurore de cet avenir plein de douceurs. Et en attendant de pouvoir vivre honorablement dans une modeste aisance, comme on le leur avait promis, ils rassemblent dans un dernier effort de volonté, les forces restantes pour aller demander au travail rémunérateur, l'appoint nécessaire pour faire vivre leur famille et pour sortir de la demi-misère ou l'Etat les a laissés.

De tous les retraités, c'est le militaire qui souffre le plus cruellement de cette situation.

Durant ses 30 années de services rémunérés par une solde dérisoire, il a vécu dans l'espoir d'une vieillesse heureuse et à l'abri du besoin.

« Votre solde est manifestement insuffisante, nous le savons, mais en compensation, vous aurez, jeune encore une retraite qui pourra atteindre 90 % de votre solde ». En 1878, peut-être !! mais pas en 1922.

La pension actuelle maximum, d'un capitaine, 2ᵉ échelon, 50 ans de service, retraité le 15 mai 1921, ne dépasse pas les 54 % de la solde (toutes majorations comprises). Comme le retraité civil, l'ancien militaire se trouve aux prises avec les difficultés croissantes de la vie. D'autre part, sa carrière ne l'a point préparé pour une nouvelle lutte dans laquelle il succombera fatalement. Cependant, l'insuffisance de la retraite, et les nécessités impérieuses de l'existence, l'obligent a travailler encore. Et après maintes rebuffades et nombreuses humiliations, à bout de forces et découragé, il accepte un emploi, au-dessous de sa condition, où il laisse beaucoup de sa dignité et toute son ambition.

Il travaillera ainsi pour un salaire de famine jusqu'au moment où ses facultés affaiblies l'abandonneront pour toujours. Alors triste épave, il franchira la dernière étape de sa vie dans la peau d'un miséreux et d'un désabusé.

GRANDEUR ET DÉCADENCE

C'est la fin inévitable de tous les anciens officiers sans fortune et de ceux qui ont eu une nombreuse famille à élever. C'est également le sort réservé aux anciens fonctionnaires, inspecteurs, chefs de bureau et autres. Quelle tristesse !!! Et voilà comment l'Etat assure l'avenir de ceux qui l'ont servi.

. Le mot retraite est synonyme d'une vie arrivée aux trois quarts de sa course. Placée sous ce jour, cette question de retraite devient un problème de haute humanité. Ne pas le résoudre ou le solutionner de façon incomplète, c'est physiquement et moralement atteindre l'homme aux sources les plus vives de son être. Ce n'est pas de lui demander de fournir un effort, c'est le lui demander quand neuf fois sur dix il n'en est plus capable. C'est réduire à néant ce qui a été le côté moral de cet effort pendant plusieurs années, c'est-à-dire l'ultime espérance, le repos acheté par le labeur. Quel effondrement lamentable de ce qui a été pour lui sa meilleure raison de vivre, la foi dans l'avenir, et par conséquent dans la parole donnée.

Ah! les promesses ne manquent pas, elles fleurissent généralement dans l'exposé de nos lois.

« Tout citoyen qui a servi, défendu, illustré, éclairé sa patrie ou qui a donné une grand exemple de dévouement à la chose publique a des droits à la reconnaissance de la Nation ».

Les retraités ne méritent-ils pas un traitement de faveur en compensation des obligations qui leur ont été imposées pendant leur temps de service ou d'exercice ?

Nous extrayons les passages suivants du livre « Les Pensions militaires », de M. Dislère, maître des requêtes au Conseil d'Etat :

« Exposés à tous les périls, obligés de partir sur
« l'ordre du Ministre, ne pouvant donner leur démission
« quand ils le veulent, même en temps de paix, les mili-
« taires se trouvent, à ce dernier point de vue, surtout
« attachés à l'Etat par des liens étroits, tellement
« spéciaux que l'Etat leur doit en échange, pour le pré-
« sent et surtout pour l'avenir, des avantages auxquels
« ne peut aspirer en aucune façon celui qui est libre de se
« retirer lorsqu'il le désire ».

« Il ne faut pas oublier non plus que pendant leur
« carrière militaire, officiers et soldats n'ont pu faire
« aucune économie et que leurs pensions de retraite
« doivent être pour eux, non pas seulement de vivre
« matériellement parlant, mais encore de tenir un rang
« honorable parmi leurs concitoyens ».

Tous les militaires de carrière retraités doivent joindre leurs efforts à ceux de toutes les Associations des retraités et s'unir étroitement à leurs frères de misère, les retraités civils, pour obtenir satisfaction.

Commentaires et Critique du projet 4495

et de l'amendement 26

sur le régime des Pensions

Nous avons vu au chapitre précédent que la loi du 16 avril avait créé dans l'armée française deux catégories d'officiers bien distinctes, à savoir : les officiers de 1914, ou officiers de métier, dont le régime des pensions est celui de la loi du 11 avril 1831, et les officiers de complément et du cadre latéral, régis par la loi du 16 avril 1920. Il est indispensable de faire cette distinction pour comprendre l'exposé qui va suivre.

Mais avant de commencer cette étude, nous tenons à affirmer que nous considérons le projet de loi 4495, ou amendement n° 26 (ainsi qu'il est de notoriété publique), comme ayant été conçu en dehors du Parlement. Nous mettons donc hors de cause le groupe parlementaire chargé de la défense des intérêts des retraités, groupe qui a donné en maintes circonstances des preuves de son dévouement à notre cause et auquel nous sommes heureux d'exprimer ici notre plus vive reconnaissance.

Bien que le projet en question ait reçu un coup fatal à la réunion de la rue Drouot, du 25 octobre dernier, et que l'amendement 26, déjà moribond à sa naissance, soit voué à un échec certain, il nous a paru utile, néanmoins, pour dissiper toute équivoque, de proclamer la vérité en mettant au point certaines formules à réclame destinées à surprendre la bonne foi de tous ceux qui s'intéressent à la situation des retraités.

Et tout d'abord une question se pose.

Le dépôt d'un contre-projet était-il indispensable à l'obtention de la péréquation des pensions ?

Nous répondrons sans hésitation : *Non.*

La péréquation peut être faite bien plus facilement par voie d'amendement au projet du Gouvernement qui réunit du reste les suffrages des militaires et des fonctionnaires en activité.

Nous ne voulons pas soulever une polémique, ni rechercher les raisons déterminantes de l'élaboration de ce projet ou de l'amendement 26, nous nous en tiendrons uniquement à l'examen des interêts des retraités actuels, que nous nous proposons de défendre avec toute l'ardeur dont nous sommes capables.

Le 4495, modifié 26, forme le complément des libéralités déjà acquises par les bénéficiaires de la loi du 16 avril 1920. Sa raison d'être se trouve dans les dispositions particulières de la section VI qui constituent la base même du projet. La question de la péréquation des pensions, des lois de 1831 et 1853, n'est que secondaire, ce n'est plus qu'un accessoire du projet. Comme l'application des dispositions spéciales entraîne une dépense imprévue d'au moins *quatre cents millions,* il faudra donc procéder à des abattements qui porteront fatalement sur les crédits susceptibles d'être alloués pour parfaire la péréquation. Ainsi, les petits et les moyens retraités seront sacrifiés, tandis que les bénéficiaires de ces dispositions s'édifieront des retraites somptueuses auxquelles ils ne peuvent prétendre. Ils recevront ainsi, aux dépens des autres retraités, de nouveaux avantages, dont le principal serait la transformation de leur retraite proportionnelle en retraite pour ancienneté de service, avec tous les avantages qui y sont attachés.

C'est la négation du principe fondamental du régime des pensions en usage en France depuis la Révolution, à savoir : « La pension est basée sur la durée des services ».

Enfin, 2° Abattement : Les effets de la péréquation ne deviendront définitifs que dans 6 ans; c'est charmant !

S'il y a des abattements à opérer, ils doivent porter d'abord, d'une part, sur les prétentions qui paraissent exagérées, et, d'autre part, sur les revendications qui ne reposent pas sur un texte de loi.

Citons un exemple. Par le jeu combiné des articles 43 et 45 du dit projet ou amendement, un adjudant retraité proportionnel au 2 août 1914, ayant repris du service au cours des hostilités, démobilisé comme capitaine de complément *en décembre* 1919, après 6 mois de grade et 20 années de service et 10 campagnes, aurait une pension supérieure à celle d'un capitaine de l'armée active, 2 ans de grade, admis à la retraite après 30 ans de service, *le* 1ᵉʳ *juillet* 1921, c'est-à-dire après avoir perçu pendant deux années au moins les nouvelles soldes, base de la quotité des nouvelles pensions.

Exemple de pensions unifiées par le système de péréquation du 4495 modifié 26.

a) Capitaine (réserve) retraité proportionnel, rayé des contrôles fin décembre 1919, 20 ans de service et 10 campagnes .... 4.813 »

b) Capitaine (active) retraité, ancienneté de services du 1ᵉʳ juillet 1921 (30 ans de service)............... 4.278 »

c) Rédacteur principal (traitement de sortie : 11.000 francs, 30 ans d'exercice).................... 4.400 » environ.

Ainsi, tandis que le premier pensionné (retraité proportionnel) reçoit une nouvelle pension d'après les nouveaux tarifs, les deux autres ne reçoivent qu'un complément dérisoire.

Il est intéressant d'examiner les différentes transformations de cette retraite.

Pension proportionnelle initiale au 2 août 1914.... 800 »

Pension qui aurait dû être revisée pour nouveaux services (loi de 1831)........................... 1.075 »

Pension accordée suivant les dispositions de la loi du 16 avril.. 2.720 50

Pension augmentée de l'indemnité temporaire de 720 francs 3.440 50

Pension nouvelle (projet 4495-26)................. 4.813 » et elle devient une pension d'ancienneté.

(**)

L'augmentation serait donc de 500 %, et c'est un minimum, alors que les autres retraités ne seraient majorés que de 85 %. Dans certains cas, par le bénéfice des bonifications de l'article 43, l'augmentation peut s'élever à 650 %.

Nous ne nous opposons pas à ce que l'Etat bienveillant renouvelle ses libéralités de la loi du 16 avril. Si la majoration jusqu'à ce jour est jugée insuffisante, elle peut être portée à 1000 %; on peut même octroyer une pension d'amiral, nous n'avons cure de telles largesses, au moins comme retraités. Mais nous nous opposons formellement à la réduction, si minime soit-elle, de notre créance. Un prélèvement sur nos droits pour satisfaire de nouvelles demandes serait considéré comme un acte profondément *immoral* et comme *la spoliation* de nos droits consacrés par 30 années de sacrifices et de labeurs.

Nous vous demandons une péréquation juste, équitable et honnête, établie dans le cadre des lois qui régissent l'organisation de l'armée, et en harmonie avec les institutions républicaines.

Cependant, si nous ne sommes point entendus, nous nous permettrons d'émettre un vœu éventuel :

« La reconnaissance de la nation doit s'étendre à tous les combattants, quel que soit le rang occupé au combat. Puisque le projet 4495-26 prévoit l'octroi d'une pension d'ancienneté aux officiers de complément comptant 15 années de service, nous suggérons l'idée suivante :

Par analogie aux dispositions de l'article 43, nous préconisons l'attribution d'une pension proportionnelle à tout homme de troupe dont les services effectifs et les annuités pour bénéfices de campagnes formeront un total d'au moins 15 annuités.

Et pourquoi pas ? Ne sont-ils pas aussi intéressants ? N'ont-ils pas les mêmes droits que leurs anciens camarades de combat ?

Enfin, le projet 4495-26, dit projet Taurines, est trop coûteux, malgré les affirmations contraires. On peut évaluer à près de 450 *millions* les dépenses qu'entraînerait le vote de la *section VI*. C'est le clou du projet. Ensuite, comme le problème de la péréquation n'est pas résolu, ce ne serait que partie remise. Ces objections n'ont pas échappé aux personnalités qui siègent à la Commission des finances.

Tous les retraités civils et militaires (1831 et 1853) doivent rejeter ce projet ou tout projet analogue comme ne satisfaisant pas leurs intérêts et ne répondant pas aux principes de justice élémentaire.

Une formule qui sert de base aux revendications de quelques retraités et qui a trouvé place dans la contexture du projet attire notre attention :

A SERVICE ÉGAL, GRADE ÉGAL, PENSION ÉGALE

La loi du 3 août 1790, sur les pensions militaires, la première en date entre toutes les lois européennes, pose à l'article 1er que l'Etat doit récompenser les services rendus quand *leur importance et leur durée* méritent ce témoignage de reconnaissance. De plus, la loi du 11 avril 1831, dont les principes ont été conservés jusqu'à nos jours, indique que le taux de la pension est déterminé, en tenant compte d'une part du grade obtenu par le militaire et, d'autre part, du temps pendant lequel il a servi l'Etat. Ces deux éléments considérés représentent bien les services rendus dans l'armée, services dont il importe d'apprécier l'importance et la durée.

La durée des services est donc représentée par le nombre d'années effectives du service rendu à l'Etat.

L'importance est représentée par le grade auquel le militaire est parvenu, grade qui ne peut être atteint que d'après des règles immuables publiées dans les lois sur l'état des officiers.

L'octroi d'une pension d'un grade déterminé ne peut être fait que si ces deux conditions sont remplies, sinon il y a lieu de procéder à l'opération de la *revision des grades*.

Examinons maintenant les conséquences possibles de l'application de cette formule.

a) Soit un capitaine démissionnaire en 1905, après 12 ans de service, nommé chef de bataillon dans la réserve (dans ses foyers), nommé ensuite lieutenant-colonel dans la réserve ou la territoriale, ayant repris du service pendant la guerre, promu colonel, puis ensuite général de brigade en 1919.

Cet officier général, qui compterait 17 *ans de service*, placé dans le cadre de réserve des officiers de réserve, percevra (à moins de dispositions spéciales) une solde dite de réserve égale aux 2/3 de la solde d'activité (environ 16.000 francs), c'est-à-dire le même traitement qu'un général de brigade venu des colonels de l'armée active et qui aura donné à l'Etat 40 *ans de sa vie*.

Sans amoindrir, si peu que ce soit, les hauts mérites d'une courte carrière, serait-il possible de comparer la gloire éphémère de ce général à la carrière glorieuse d'un *Galliéni* ?

Et si, dans cette hypothèse, nous faisons intervenir le régime des pensions en vigueur, nous dirons que le grade de général ne peut être qu'une *distinction honorifique* et que la pension, à inscrire au Grand livre de la Dette, ne peut être basée tout au plus que sur le grade de colonel ou de lieutenant-colonel.

Autre exemple. — Soit un militaire retraité proportionnel au 2 août 1914. Sous-lieutenant de réserve. Nommé lieutenant de réserve, puis capitaine de territoriale dans ses foyers, ayant repris du service au cours des hostilités. Rayé des contrôles comme lieutenant-colonel après 15 jours de grade.

D'après la loi du 16 avril, cet officier doit bénéficier d'une pension du grade de lieutenant-colonel, mais ne reçoit que la majoration (loi du 25 mars 1920) afférente à la pension inscrite au 2 août 1914.

Le projet Taurines donne à cet officier la retraite entière de lieutenant-colonel d'après les nouveaux barêmes et opère ainsi la péréquation sur le grade de lieutenant-colonel.

Si ces dispositions étaient admises, l'Etat rénumérerait des services inexistants.

En effet, d'après les lois toujours en vigueur, le taux de la pension, nous l'avons déjà vu, doit etre basé sur l'importance du service rendu.

Si nous faisons abstraction des deux ans de grade exigés, nous admettrons que cette importance est représentée en l'espèce par le grade de lieutenant-colonel. Mais ce dernier grade atteint, englobe tous les services rendus dans les grades inférieurs, c'est-à-dire dans les grades de sous-lieutenant, lieutenant, capitaine et chef de bataillon.

Or, les services effectifs rendus dans les grades de sous-lieutenant et de lieutenant étant nuls, la pension ne peut être concédée sur le grade de lieutenant-colonel. Il serait alors nécessaire de procéder à la revision de ce grade, ce qui permettrait d'attribuer une pension du taux de capitaine d'après les dispositions de la loi du 16 avril 1920.

Ces quelques exemples suffisent largement pour établir les abus et la faiblesse du projet 4495-26.

Si la formule :

« A service égal, grade égal, pensions égales » était appliquée dans l'armée, ce serait la fin de la cohésion du corps des officiers, le commencement de l'arbitraire et des injustices et la désorganisation de nos forces militaires.

Certains vétérans imbus des grandes et belles traditions de l'armée française qualifient cette formule de *révolutionnaire.*

Nous n'irons pas jusque-là; nous nous contenterons d'opposer à cette formule prétentieuse la formule sage de nos anciens :

A anciennetés de service égales, et à grades égaux ou équiva-lents, pensions égales.

Et c'est d'après cette formule seulement, que nous demandons la péréquation. Mais nous la voulons juste, équitable et honnête.

Le projet Taurines ne remplit pas toutes ces conditions. Un dernier exemple suffira pour s'en convaincre.

Ainsi, un capitaine du 2e échelon, admis à la retraite le 1er août 1921, ne recevra qu'un supplément de 160 *francs,* alors qu'un capitaine de complément, venu des militaires non officiers, retraités proportionnels au 2 août 1914 et rayé des contrôles en 1919, bénéficierait d'un deuxième supplément qui peut s'élever à près de 3.000 *francs.*

Or, d'après la péréquation intégrale, le premier devrait recevoir un supplément de 832 francs et le second l'attribution définitive de l'indemnité temporaire qui représente au plus le supplément nécesssaire pour opérer la péréquation intégrale de sa pension de la loi du 16 avril 1920.

MM. les Parlementaires ne doivent pas ignorer qu'en votant les projet ou amendement Taurines, ils voteront contre les intérêts des retraités civils et militaires, mais plus spécialement contre les militaires pensionnés de la loi de 1831.

Le projet Taurines sacrifie les intérêts des militaires de carrière. Nos droits sont menacés, nous nous lèverons pour les défendre et nous ferons preuve, en la circonstance, d'autant de ténacité, de volonté et d'énergie que nous avons montré de respect, d'abnégation et d'obéissance au cours de notre carrière militaire.

Nous sommes prêts à combattre les *tendances bolchevistes*, d'où qu'elles viennent.

Nous mettons notre cause entre les mains du groupe parlementaire de défense des intérêts des retraités, confiants dans la sagesse et l'esprit de justice du Parlement.

Nous joignons nos efforts à ceux de toutes les Fédérations et grandes Associations des retraités civils et militaires de France et des colonies qui ont déjà pris position contre le projet 4495, nettement rejeté par elles à la consultation du 25 octobre dernier.

DÉFENDRE SON PAYS EST UN DEVOIR

Et c'est pour accomplir ce devoir sacré que 5 millions de Français, répondant à l'appel de la Patrie, ont pris les armes pour refouler l'envahisseur. Après une lutte héroïque de plus de 4 années, la victoire est enfin venue couronner les efforts grandioses de cette masse de combattants.

Par la loi du 31 mars 1919, l'Etat a secouru les victimes les plus éprouvées de la guerre, par l'octroi de pensions militaires aux invalides, aux mutilés, aux veuves et aux orphelins. Par la loi du 16 avril 1920, l'Etat reconnaissant a donné des avantages spéciaux aux officiers de réserve mobilisés, avantages qui ont eu pour conséquence de tripler, et au-delà, le montant de leur pension d'avant-guerre, avantages qui n'ont pas été étendus aux militaires de l'armée active. Enfin, tout récemment encore, une indemnité temporaire de 720 francs a été ajoutée à ces générosités.

L'Etat a donc payé largement, et dans la mesure de ses moyens, sa dette de reconnaissance.

Insister pour l'attribution de nouvelles libéralités, serait exiger le double paiement des services rendus. Ah, certes, il en coûte de reprendre sa place à l'atelier ! Et pourtant il le faut. L'état de guerre, c'est le passé; la paix, c'est l'avenir. Hommes encore jeunes, au travail pour le rétablissement et la grandeur de la France. Servez votre Patrie dans la paix comme vous l'avez fait dans la guerre. Pensez un peu aux pauvres vieux qui attendent encore la réalisation de leurs espérances.

Un groupe d'officiers en retraite.

Pour le groupe : H. ABRIC,
Membre de la Fédération des Pyrénées - Orientales et de la Confédération Générale des Retraités civils et militaires.

LOI DU 16 AVRIL 1920

3ᵉ Catégorie - Officiers du cadre complémentaire et du cadre latéral

La loi du 16 avril 1920, qui constitue la charte des Officiers du cadre complémentaire et du cadre latéral, a apporté de profondes modifications à la législation des pensions militaires.

Les Officiers de complément ont été affranchis de certaines dispositions gênantes de la loi de 1831, dispositions qui sont restées applicables aux autres officiers. Cette différence de traitement nous amène forcément, et bien à regret du reste, à discerner parmi les officiers de l'armée française, les officiers de carrière et les officiers de réserve.

La Chambre des Députés, primitivement hostile aux dispositions de ce projet de loi, a dû s'incliner devant le vote du Sénat.

Nous n'avons pas à discuter ici la justesse des revendications de ces officiers; toutefois, quatre années de lutte héroïque, au milieu de périls de toutes sortes, méritaient certainement plus que les lois en vigueur pouvaient leur accorder.

Mais n'était-il pas possible de leur donner satisfaction sans bouleverser le régime des pensions militaires?

Les principales modifications de la loi susvisée sont les suivantes :

1° Liquidation de la nouvelle pension sur la base du dernier grade obtenu et du dernier échelon atteint.

2° Suppression des deux années exigées dans le grade ou l'échelon.

3° Reversibilité de la pension proportionnelle en faveur des veuves et orphelins des militaires devenus officiers au cours de la guerre et des autres militaires retraités proportionnels avant le 2 août 1914.

Il faut remarquer que les officiers et les sous-officiers en activité au 2 août 1914 ne bénéficient pas de cette cette mesure.

Ces dispositions ont modifié les articles 10 de la loi du 11 avril 1831, 8 de la loi du 18 août 1879, 65 de la loi du 21 mars 1905 et 33 de la loi du 7 août 1913, ainsi conçus : « Pour de nouveaux services, la seconde pension ne pourra être opérée que d'après le droit résultant du dernier grade obtenu comme militaire de l'armée active.

D'autre part, la règle qui existait en France depuis la loi de 1790 (« On n'obtiendra la pension attachée à un grade qu'autant qu'on l'aura occupé pendant deux ans entiers») a été abrogée pour une catégorie d'officiers dégagés de tout contrat et maintenue pour les autres.

Ainsi, on a pu voir le cas suivant :

Deux chefs de bataillon, de 6 mois de grade, l'un officier de carrière, l'autre du cadre de réserve, admis tous deux à la retraite en janvier 1920, recevoir : le premier, une pension du grade de capitaine 4ᵉ échelon; le deuxième, une pension du grade de chef de bataillon.

Pourquoi cette inégalité ? Et en quoi le chef de bataillon du cadre de réserve est-il plus intéressant que l'autre ? Sans plus ample commentaire, pour le moment, passons à l'énoncé de l'article 8 de la dite loi :

« Les pensions revisées seront augmentées des majo-
« rations accordées par l'article 2 de la loi du 25 mars
« 1920, mais ces majorations seront calculées d'après le
« taux de l'ancienne pension déjà inscrite au Trésor ».

C'est contre cette dernière disposition que les officiers
de complément élèvent des protestations. Ils demandent
la majoration correspondante au taux de la pension
revisée en vertu de la formule à la mode :

« A service égal, grade égal, pension égale », formule
qui a fait l'objet d'un article spécial dans la partie consa-
crée aux commentaires du contre-projet 4425.

PENSION DE LA LOI DU 16 AVRIL 1920

Les bénéficiaires de la loi du 16 avril 1920 peuvent être divisés en quatre groupes :

1° Militaires non officiers de l'armée active nommés officiers au cours de la guerre;

2° Officiers retraités au 2 août 1914, ayant repris du service pendant les hostilités;

3° Militaires non officiers retraités au 2 août 1914 qui ont repris du service comme officier de réserve;

4° Veuves et orphelins des officiers classés dans les 1ᵉʳ et 3ᵉ groupes.

1° MILITAIRES DE L'ARMEE ACTIVE

PROMUS OFFICIERS AU COURS DE LA GUERRE

Soit un militaire de carrière rengagé, nommé officier pendant la guerre, rayé des contrôles le 15 juillet 1920 comme lieutenant 2° échelon, après avoir accompli 18 ans de service et 10 campagnes,

Sa pension est :

Pension principale 2.000 × 18 : 30 = ...	1.200	»
Campagnes (10 annuités)	500	»
Majorations (loi du 25 mars 1920)..........	837	50
Complément 1/3, loi du 25 mars 1920).......	185	»
Indemnité temporaire	720	»
Total.......................	3.442	50

La pension de cet officier, toutes majorations compri-ses est de : *3.442 fr. 50.*

Péréquation intégrale

Là pension nouvelle correspondante (projet de loi) sera de :

$$7.437 \times 28 : 60 = 3.470 \ francs.$$

Pour mettre à égalité la pension actuelle (3.442 fr. 50) de la pension nouvelle correspondante, il suffira d'un petit supplément de *27 fr. 50.*

Comme certains officiers de cette catégorie ne béné-ficient pas du complément, on peut admettre que le sup-plément moyen pour obtenir l'unification de chaque pension ne dépassera pas *cent francs.*

DEUXIEME GROUPE

OFFICIERS RETRAITÉS AVANT 1914
QUI ONT REPRIS DU SERVICE AU COURS
DES HOSTILITÉS

a) Soit un capitaine en retraite (30 ans de service et 7 campagnes, 4ᵉ échelon), rappelé à l'activité et rayé des contrôles comme chef de bataillon le 1ᵉʳ janvier 1920 (35 ans de services et 15 campagnes) :

Pension au 2 août 1914...................... 3.250 »

Pension qui aurait dû être revisée d'après la loi de 1831 modifiée (nouveaux services)... 3.900 »

Sa pension actuelle est :

Pension principale .... 3.000 »
Campagnes (annuités) .... 1.000 »
Majoration de la loi du 25 mars 1920...... 1.637 50

Total.................. 5.637 50

Soit une bonification de 73 % de la pension au 2 août 1914 et une bonification de 44 % de la pension revisée suivant les lois antérieures à celle du 16 avril 1920.

Péréquation intégrale

La pension nouvelle correspondante (projet de loi) à la pension ancienne au 2 août 1914 sera de :

$$11.331 \times 37 : 60 = 6.987 \text{ fr. } 45.$$

La différence de la pension nouvelle et de la pension ancienne au 2 août 1914 est de :

$$6.987\ 50 - 3.250 = 3.737 \text{ fr. } 45.$$

Ce pensionné ayant déjà bénéficié d'une majoration de 1.637 fr. 50, le supplément restant à recevoir sera de :

$$3.737\ 45 - 1.637\ 50 = 2.009 \text{ fr. } 95.$$

Donc la pension nouvelle dont jouira cet officier, après la péréquation des pensions sera de :

$$5.637\ 50 + 2.099\ 95 = 7.737 \text{ fr. } 45.$$

Elle pourra se décomposer ainsi :

Pension correspondante du grade au 2 août 1914	6.987 45
Bonification pour services rendus pendant la guerre	750 »
Total...........................	7.737 45

Ces 750 francs correspondent bien d'une part à la différence du taux de pension de chef de bataillon à capitaine (100 francs) et d'autre part, aux nouvelles annuités acquises pendant la guerre (650 francs).

Observations. — Dans cette combinaison on ne tient pas compte pour la péréquation des années de service et des annuités pour campagnes acquises pendant la guerre.

Cependant, il serait équitable de faire l'unification sur la pension revisée d'après la loi du 25 mars 1905. « Pour de nouveaux services, la revision de la pension ne peut être opérée que sur le taux de l'ancien grade et ancien échelon ». Mais alors ce serait l'abrogation des dispositions de la loi bâtarde du 16 avril 1920.

Examinons les effets de cette suggestion.

Taux de la pension revisée d'après les dispositions des lois antérieures au 16 avril 1920.......... *3.900* »

La pension correspondante étant de........ *8.498* »

La différence sera .... *4.598* »

Ce pensionné ayant bénéficié d'une majoration de 1.637 fr. 50, recevra un supplément de 2.960 fr. 50, soit :

4.598 fr. — 1.637 fr. 50 = 2.960 fr. 50.

La pension unifiée sera de :

Pension revisée .... 3.900 »

Majoration 1.637 50

Supplément 2.960 50

Total................... 8.498 »

On remarquera dans cette combinaison une différence en plus de 760 francs, pour ce cas un peu exceptionnel. Mais cet excédent de dépenses est récupéré par les économies réalisées dans presque tous les autres cas.

b) Soit un chef de bataillon retraité au 2 août 1914 (30 ans de service et 10 campagnes), ayant repris du service pendant les hostilités, rayé des contrôles comme lieutenant-colonel le 1er mai 1920 (5 ans de service et 15 campagnes):

Pension du 2 août 1914...................... *3.500* »

Pension qui aurait dû être revisée d'après la loi 1831 modifiée .... *4.000* »

Pension actuelle :

Principale .... 5.000 »

Majorations .... 1.700 »

Total..................... 6.700 »

Soit une bonification de 90 % de la pension au 2 août 1914 et une bonification de 67 % de la pension revisée, suivant les lois antérieures à celle du 16 avril 1920.

Péréquation intégrale

La pension correspondante (projet de loi) à la pension ancienne au 2 août 1914 sera de :

$$12.979 \text{ fr.} \times 40 : 60 = 8.652 \text{ fr. } 65.$$

La différence entre la pension nouvelle et la pension ancienne au 2 août 1914 est de :

$$8.652 \text{ fr. } 65 - 3.500 \text{ fr.} = 5.512 \text{ fr. } 65.$$

Ce pensionné ayant bénéficié d'une majoration de 1.700 francs, recevra donc un nouveau supplément qui sera :

$$5.152 \text{ fr. } 65 - 1.700 \text{ fr.} = \textit{3452 fr. 65.}$$

Donc la pension nouvelle attribuée sera de :

6.700 fr. + 3.452 fr. 65 = 10.152 fr. 65,

qui pourra se décomposer ainsi :

Pension nouvelle unifiée (2 août 1914)...... 8.652 85

Bonification pour services rendus pendant
la guerre .... 1.500 »

Ces 1.500 francs représentent bien, d'une part, la différence du taux de pension de Lieutenant-Colonel à Chef
de bataillon (1.000 francs), et, d'autre part, les 10 annuités
supplémentaires du temps de guerre.

OBSERVATIONS. — En ne tenant pas compte des effets
de la loi du 16 avril 1920 et en établissant la péréquation
sur la pension revisée d'après les lois antérieures, nous
aurons la combinaison suivante :

Pension du 2 août 1914 revisée............ *4.000* »

Pension nouvelle correspondante.......... *9.734* »

Le supplément à attribuer sera de 9.734 — 6.700 francs,
qui représente la pension actuelle, soit : 3.304 francs.

On remarquera que cette pension de 9.734 francs est
inférieure de 418 francs à la pension attribuée d'après la
première combinaison.

TROISIEME GROUPE

MILITAIRES NON OFFICIERS RETRAITÉS AVANT LE 2 AOUT 1914 QUI ONT REPRIS DU SERVICE COMME OFFICIERS DE RÉSERVE

Ier EXEMPLE. — *Cas fréquent.* — Pour un militaire non officier, adjudant retraité proportionnel à 15 ans de service et 5 campagnes du 2 août 1914, rappelé au moment de la mobilisation générale et rayé des contrôles comme capitaine 2e échelon (20 ans de service et 12 campagnes) :

Pension proportionnelle au 2 août 1914..... ·	*800*	»
Pension qui aurait dû être revisée en vertu de la loi de 1831 modifiée	*1.105*	»
Pension actuelle (loi du 16 avril 1920) :		
Pension principale 2.500 × 2c : 30 =........	1.666	66
Campagnes (12 annuités)	600	»
Majoration (ancien taux)	587	50
Indemnité temporaire	720	»
Total	3.574	16

soit une bonification de 340 % de la pension au 2 août 1914 et une bonification de 220 % de la pension revisée (ancienne loi).

Péréquation intégrale

La pension nouvelle correspondante à la pension au 2 août est de *1.608 francs*.

La pension correspondante à la pension revisée d'après la loi de 1831 modifiée est de environ 3.000 francs.

La pension actuelle attribuée à ce pensionné est de 3.574 fr. 16, indemnité temporaire comprise, c'est-à-dire supérieure de 574 francs, à la pension du projet de loi.

Remarque. — Il semblerait plus équitable d'opérer la péréquation sur le taux de la pension qui aurait dû être revisée, d'après les nouveaux services conformément aux dispositions de la loi du 11 avril 1831 modifiée.

D'autre part, afin de tenir compte de l'importance du service, on pourrait ajouter à cette pension une bonification qui serait déterminée par la différence du taux minimum de la pension du grade de sous-lieutenant à celui de la pension du grade d'adjudant, soit 500 francs.

Cette bonification serait affectée à chaque grade obtenu pendant la guerre jusqu'à concurrence de deux, soit 1.000 francs. Cette bonification pourrait être portée à 600 francs si on le juge nécessaire.

EXEMPLES :

a) Un militaire non officier, retraité proportionnel qui a repris du service comme sous-lieutenant de réserve, rayé des contrôles comme lieutenant, recevrait une bonification de 500 francs de rente.

b) Un autre militaire, sous-lieutenant de réserve, rayé des contrôles comme capitaine, recevrait une bonification de 1.000 francs de rente.

c) Un autre militaire, sous-lieutenant de réserve, nommé lieutenant et capitaine de réserve dans ses foyers, rayé des contrôles comme lieutenant-colonel, ne recevrait qu'une bonification de 1.000 francs. Il est incontestable que dans le calcul de l'importance du service on ne peut compter des services qui n'existent pas dans les grades de sous-lieutenant, lieutenant et capitaine.

C'est une suggestion qui mérite l'attention.

En appliquant la règle ci-dessus au cas qui nous occupe, nous aurons :

Pension revisée d'après des nouveaux services (loi du du 11 avril 1831 modifiée)................... *1.105* »

Pension correspondante du projet de loi, environ .... 3.000 »

Bonification pour services rendus pendant la guerre .... 500 »

____

3.500 »

La pension actuelle de cet officier est de 2.854 francs.

Cette pension bénéficie de l'indemnité temporaire de 720 francs, qu'il faut ajouter, et qui donne une somme de 3.574 francs, somme sensiblement égale à la pension proposée.

Si ces dispositions étaient prises en considération, ce serait l'abrogation de la loi du 16 avril 1920.

2ᵉ EXEMPLE. — Pour un militaire non officier, adjudant retraité proportionnel (15 ans de services et 10 campagnes); sous-lieutenant de réserve, *nommé lieutenant de réserve, puis capitaine de territoriale dans ses foyers;*

rappelé à l'activité comme capitaine territorial; rayé des cadres comme chef de bataillon, 20 ans de service, 18 campagnes :

Pension proportionnelle au 2 août 1914.....   *1.000*   »

Pension revisée (loi de 1831 modifiée).......   *1.195*   »

Pension actuelle :

Pension principale 3.000 × 20 : 30 =........   2.000   »

Campagnes (18 annuités)   900   »

Indemnité temporaire   720   »

Majoration (ancien taux)   662   50

Total 4.282   50

soit une bonification de 320 % de la pension au 2 août 1914 et une bonification de 250 % de la pension révisée (ancienne loi).

Péréquation intégrale

D'après la combinaison admise précédemment, la péré
quation de cette pension se ferait dans les conditions suivantes :

Pension revisée d'après les nouveaux services :

Loi de 1831 modifiée......................	1.195	»
Pension actuelle correspondante (projet de loi)	3.055	»
Bonification pour services rendus..........	1.000	»
Total	4.055	»

La pension actuelle est : *3.562 fr. 50.*

Cette pension bénéficie de l'indemnité de 720 francs qui
porte le total à 4.282 fr. 50, c'est-à-dire à 200 francs de
plus que le taux de la pension proposée.

VEUVES ET ORPHELINS

L'article 7 de la loi du 16 avril 1920 reconnaît les droits à une pension de reversion aux veuves et orphelins des officiers de réserve retraités proportionnels et des officiers venant des militaires du cadre actif décédés après 15 ans de service.

Cette disposition modifie les articles 32 de la loi du 18 mars 1889 et 26 de la loi du 23 juillet 1881, qui n'admettaient pas la reversibilité au profit des veuves et orphelins de tout ou partie de la pension proportionnelle.

A cette pension de reversion, il faut ajouter la pension de la loi du 31 mars 1919, au taux de veuve de soldat, ainsi que les majorations de la loi du 25 mars 1920. Enfin, une indemnité temporaire de 720 francs vient encore augmenter le total déjà avantageux.

a) Soit un militaire non officier, titulaire au 2 août 1914 d'une pension proportionnelle, ayant repris du service pendant les hostilités et décédé le 1ᵉʳ mai 1919 des suites de maladies contractées en service ; Capitaine 2° échelon (22 ans de service et 12 campagnes) ;

Sa veuve a droit :

1° Pension principale : 1.167 fr. × 22 : 30...   855 80

2° Majoration de la loi (25 mars 1920)....   615 »

3° Taux de la veuve de soldat (31 mars 1919).   800 »

4° Indemnité temporaire ....   720 »

2.990 80

Soit une pension de deux mille neuf cent quatre-vingt-dix francs quatre-vingts centimes.

Il y a lieu de remarquer que la veuve d'un capitaine du 2ᵉ échelon (mais officier de carrière) ayant la même ancienneté et décédé dans des circonstances identiques ne touchera qu'une pension de *1.600 francs*.

Remarquons en passant que la veuve d'un général de brigade (active) qui décéderait avant 25 ans de service, dans les mêmes circonstances que le capitaine de réserve ci-dessus, ne toucherait que *3.000 francs*.

Ainsi comme nous l'avons fait remarquer précédemment, l'officier de l'armée active est moins bien traité que l'officier de complément.

Avis aux jeunes générations qui se destinent à la carrière militaire.

Il ne faudrait pas cependant qu'un officier de l'armée active, appelé à continuer ses services au Maroc, en Galicie ou aux colonies, quitte la France avec le sentiment qu'en cas de décès, de maladie endémique, sa veuve ne recevra qu'une pension bien inférieure à celle d'un officier de complément décédé de maladie contractée en service en France.

Ces inégalités de traitement ne doivent pas exister dans une armée qu'on veut forte et disciplinée.

PEREQUATION

La péréquation de cette pension pourrait être opérée dans la forme suivante :

La veuve recevrait :

1° Une pension égale au 50 % de la pension du mari calculée d'après les nouveaux barêmes, compte tenu seulement des annuités de service;

2° D'une pension de veuve de soldat au taux de la loi du 31 mars 1919.

La pension du mari, d'après les nouveaux barêmes aurait été de :

3.737 fr. 80 (sans annuités pour campagne).

Celle de la veuve sera de :

3.737 80 : 2 = 1.868 90 ....   1.868 90

A ajouter la pension de la veuve de soldat
(loi du 31 mars 1919) ....   800 »

       Soit 2.668 90

La pension actuelle est de 2.270 fr. 80 à laquelle doit s'ajouter l'indemnité temporaire.

Pour les commandes, s'adresser au Président de la Fédération des Retraités des Pyrénées-Orientales, à Perpignan, 3, avenue de la Grande-Bretagne, ou à M. Abric, 27, rue Paul-Massot, Perpignan.

NOTRE DEVISE :

*Nos droits sont menacés. Nous nous
lèverons en masse pour les défendre.*

Avis à tous les Retraités civils et militaires
de France et des Colonies

A la consultation parlementaire du 25 octobre dernier,
de la Mairie de la rue Drouot, les représentants qualifiés
des grandes Fédérations et Associations des Retraités
civils et militaires de France et des Colonies ont rejeté le
contre-projet Taurines, et faisant confiance au groupe
parlementaire, ont émis un vote favorable à l'admission
du projet du Gouvernement, amendé en vue de la
péréquation.

Ces résolutions ont anéanti les suprêmes espérances des
associés de la rue d'Amsterdam. La Ligue formée
aussitôt pour la défense du 4495 en péril, et dans le but
d'intimider le Parlement, reste sans effet et n'apportera
aucun changement aux sages décisions prises en toute
connaissance de cause.

Plus de cent parlementaires dont la bonne foi a été
surprise ont abandonné ce texte dès qu'ils ont compris
les conséquences funestes du vote d'un tel projet, de
sorte que le 4495, aujourd'hui défunt, ne doit pas venir
en discussion devant le Parlement.

Son remplaçant, l'amendement 26, conçu d'après les mêmes bases, est voué à un échec certain pour les raisons majeures suivantes :

1° Il viole les principes fondamentaux du régime des pensions militaires;

2° Il invite les Chambres à récompenser des services inexistants;

3° Par ses dispositions particulières, il exige une dépense supplémentaire d'environ 500 millions de francs au profit d'une catégorie de pensionnés dont les revendications exagérées ne reposent sur aucun texte de la loi;

4° Les crédits nécessaires sont rejetés par la Commission des Finances;

5° Mais par des dispositions aussi habiles qu'équivoques, cette dépense est récupérée en majeure partie sur les crédits affectés à la péréquation et de la façon suivante :

a) Abaissement du taux de la pension des petits retraités;

b) Diminution du supplément à allouer aux moyens retraités, pour la péréquation;

c) Enfin, réalisation de cette péréquation de misère reportée en *1929;*

6° Les droits des petits et des moyens retraités sont sacrifiés pour permettre l'attribution d'un supplément très élevé aux bénéficiaires des dispositions spéciales;

7° Cet amendement est enfin combattu par tous les fonctionnaires et militaires en activité et par les grandes Fédérations et Associations des retraités civils et militaires.

RETRAITÉS !

Ayez confiance dans la sagesse et dans l'esprit de justice et d'équité du Parlement. Les ténèbres se dissipent, la lumière paraît enfin et la vérité toute puissante brisera comme verre les dernières résistances des ambitieux et des bluffeurs.

www.ingramcontent.com/pod-product-compliance
Ingram Content Group UK Ltd.
Pitfield, Milton Keynes, MK11 3LW, UK
UKHW020052100726
13658UKWH00004B/1698